FVA

Marion Poschmann

Grund zu Schafen

Gedichte

Frankfurter Verlagsanstalt

Die Autorin dankt der Stiftung Niedersachsen
für die Unterstützung ihrer Arbeit an diesem Buch.

1. Auflage 2004
Deutsche Erstausgabe

Lektorat: Heinz Kattner
Schutzumschlag- und Einbandgestaltung: Bertsch & Holst
Herstellung: Thomas Pradel, Frankfurt am Main
Satz: Fotosatz Reinhard Amann, Aichstetten
Druck und Bindung: GGP Media GmbH, Pößneck
Printed in Germany
ISBN 3-627-00117-6
1 2 3 4 5 – 07 06 05 2004

Oden nach der Natur

kleines Rasenstück

100g Gras, wie Licht, das sich bewegte,
Licht, das knitterte, schnelle Lebensläufe
ohne Höhepunkte, Schwarzweißaufnahmen:
nickende Blitze.

Gras spritzte auf, fiel über, Gras, von Winden
hingekritzelt, von Winden ausgedehnt nach
Zentimetern, Gras, dieser strenge Glanz, zu
Halmen gefaltet,

Gras überwog uns schon – wuchs Gras darüber,
hob sich, senkte sich, wimmelnd, flimmernd, Gras, so
haltlos wurzelnd über dem hellen Abgrund
unserer Hirne.

Windbarriere

Rührbewegung im Wind: Büsche umkreisen uns.
Zweige wickeln sich auf, knoten den Horizont
fester, flüchtiger, binden
Lüfte wie aus dem Handgelenk,

leichthin. Wälzen sich um. Über den Hang zu Tal
kollert grünes Geröll, Knäule dahingefegt,
Windgewölle. Wir wären
gerne völlig gelöst wie sie.

Büsche, rauschendes Nichts. Büsche umbrausen uns.
Wirbel, stillgelegt, weit. Unseres Wissens sind
sie zu Päckchen geschnürte
Stürme. Durchlässig. Unberuhigt.

der deutsche Nadelbaum

Fieberkurven, verrußt, spitzten sich zu, der Berg
setzte Tarnkappen auf, färbte die Wipfel nach,
schwärzer ragten sie, Warndreiecke, über dir,
schärfer gingst du im Gegenlicht,

ausgeschnitten, die Nacht brach schon durch dich hindurch,
Dunkelziffer der Wald, reizbare Zickzackluft,
Schatten gruben sich tief, nadelte Dämmerung
auf die Äste, ins Unterholz.

Waren Bäume erlaubt, waren sie unerlaubt?
Trug man Papptannen, trug Pesthüte fort? Ich sah,
du verzweigtest dich, bogst, breitetest Arme aus.
Wind strich über die Gipfel hin.

der deutsche Laubbaum

Wäre märzhaltig noch, maihaltig dieses Laub,
nähme Februar mit, Januar mit sich fort,
leise kapitulierend
vor dem Nachdruck der Witterung.

Fänden wir ein Oval oder Ellipsen vor,
fänden Herzformen, wir wendeten um und um,
Laub und Aberlaub um, die
kleinen Baumkronen, flachgepreßt.

Hinge hoch im Geäst Regenwahrscheinlichkeit,
schlügen Böschungen durch, Serien blauen Lichts,
unerläßliche Tage
lösten Helles in Heilschlaf auf.

Steine im Gleichgewicht

Als hätten sie noch immer nicht aufgesetzt.
Sie pendeln leise, hängen in Raum und Zeit
wie abgestürzte Engel, ihre
Schwingen in Schonhaltung eingefaltet:

Wie lichtecht sind sie? Cherubim, deckungsgleich
mit Flugangst, fettgewordene Schatten, längst
verlassen von den Geistern, träge
warten sie auf die Beleuchtungsstärken,

die sie durchdringen könnten. Sind massenhaft
sich selber Grabstein, mächtiger Wendepunkt
zum Boden hin. Bis dorthinaus. Die
Endpunkte einer Bewegung, schwebend.

Wolkenode

Sie glitten rasch, wie Kuhflecken, riesenhaft,
auf transparenten Bahnen, sie badeten
im Blau der Ansichtskarten, ihre
bauchigen Schauseiten zu uns wendend.

Wir sahen auf zu ihnen. Mit weißem Blick,
in dem sich Leere spiegelte, blinde Lust
des körperwarmen Tiers, der alte
Blick auf die Meere, verdampft, verflogen.

Sie schäumten Licht auf. Kühe, bewölkt, die sich
im flachen Wasser lagerten. Angestrahlt
erschien der Teich, wir soffen weiter,
wollten den eigenen Ballast spüren.

Naturgeister

Kühle Schleier schwebten am Ufer über
hochgereckten Hüllblättern, grünlich-weißen
Tüten, in die alles hineinfiel, was die
Dämmerung abwarf.

Immer noch begann es. Insekten tanzten
strenge Pracht- und Prunkgärten. Aronstäbe
trieben große Hörrohre aus dem Boden,
lauschten dem Summen

geisterhafter Schwärme. In Tiefgaragen
hielt sich solch ein Summen, in Treppenhäusern
saß es in den Wänden: ein Hall, ein Hauch von
Flüssen und Auen.

Et in Arcadia ego

latenter Ort

hier hast du Schachteln für Pappeln,
        für Birken, Kastanien,

Suchbilder waren es, hellblaue Wiesen, auch ich
bin bestickt mit Bäumen,

mit schleppenden Nachmittagen, gefühlter
                                        Temperatur,
ich bin ihnen schuldig geblieben. hier, nimm.
nimm noch mehr. nimm den Rest

Empire of Flora (nach Cy Twombly)

wenn wir in Blüte stehen, huschende rosa
Strumpfhosen, leibeigene Symptome

ich war ganz mit Staub bedeckt,
war wie betäubt mit Kamillenwirkstoff, noch
stundenlang anhaltend Rausch und
Gebrechen. farewell. fahr hin. so der Regen
unser Glück fortspült
                    muß weichen leichter Traum
                              müssen blinzeln
Lichtflüchter wir
          die inneren Himmel
                    blendeten uns

Take away Landscape

Kiesfelder, Kiefernzapfen,
was künftig,
hattest alle Tage vordatiert,

wir waschen abermals Hände (Birkenstämme),
Blätter, welk, ohne Absender
regeln die Windrichtung
testen eine flatterhafte Ferne

Wind bricht den Kronen mechanisch
Zacken aus, füttert das Fade,
das Graue, das Sanfte

alles hat seine Richtigkeit

ich vertausche mich mit dem Wald,
stehe stumm, schweige

Heimweh, Touristen auch wir

die Besiedelung unterschwelliger Strände,
ledig aller Last, Seegras, verlache, Welt.
Möwen ohne Unterschied.

Styroporkugeln rollen, elektrostatische
Ladungen, hingerissen,
vom Wasser gehegt. überwältigt.

Zehen,
            ihre Spuren im Ufersand:
als werde eine schwere, erfundene Kindheit,
nach Urin und weißen Lilien riechend,
Schritt für Schritt freigelegt

rohe Alben

Kirschkerne, ausgespuckt
waren Privatpersonen
waren
eingespeist in kleine lächerliche Reisen
von den eigenen wiederkehrenden Wanderungen erfaßt
verwandelt von einer Landschaft in eine andere

der Tod blaßblau. babyblau. säuglingshaft.
ein weiches Bündel das uns ansaugt

was soll uns
nun laß

länger fallen die Schatten
ihr Kerzen ihr Wälder
bedeckt mit mir verschüttet mit mir
nicht auffindbar

deine Sterntülle, dein Rosettenmund

du bist eine Borte geworden
Farne. Bewußtseinsformen. Erregungsmuster.
auch wir verneigten uns voreinander,
wir nickten uns zu

deine Hand war
ein Zierat um Türklinken,
ein Versuch, schön zu sein
        sanfter Vollzug
war instabil
die Abweichung
von einer dünnen Linie

        rundum Holunder, Gardinen, Gras
        rundum Farne, Extremlagen, Hang
              zur Unvernunft

Geometrien der Melancholie

wann wird es Winter geworden sein, dort
wo das Bild eines Körpers hinzieht

wird er doch dort
der leichte Mensch.
wird eine Wiese sein

oft, ich erinnere mich
an die weiße Würde des Herdentriebs
an die Übermacht der Menge, die gesenkten Köpfe
du trugst die ersten Gewichte im Haar
milde Lichter die zwischen den Fingern zergingen
sinnlos empfindlich als versuchtest du
an einer unsichtbaren Ordnung festzuhalten

berühmte Blüten

Schafe aus Wachs
aus Glaswolle
Stahlwolle
Wolken und Wollen

blieben nebeneinander aus Gefälligkeit
beschwichtigend milchweiße Tischlampen, falscher
Wahn. fragt keiner
angeknipst.
ausgeknipst.

es war
die Bewegung einer Landschaft
die jede Vertrautheit löschte
es war ein Hügelrücken und
der Augenblick des Abwendens
des Zuwendens

windblütig, wir
wiederholten uns von Horizont zu Horizont

in die Farne

waren gesättigt mit Schweiß und Rauch.
wir bezifferten Stämme, voller
Trauer schon und voll
Erbarmen

wir wählten die Orte nicht selber
wir erbten Odessa und Budapest,
Wolkenbewegungen, Hochspannungsmasten
ins Endlose, erbten
gescheiterte Gräser in Nebel
eingenäht. naht mehr und mehr

Doldengewächse am Straßenrand, Apfelkerne,
wir sprachen mit Zahnspange, wir
haben alles verlernt

auf der Krone

sie beginnen sich wieder
das Licht einzuflößen:

Schafe, geföhnt,
Schafe, schlafbereit,
                    leichte
Körper durch die
der Wind zieht, mit
Ohren voll Abendrot
gehen sie weiter
          über den Deich,
rupfen Flächen frei,
mildern die Umstände

lockiges
letztes Tagesweiß, helle
Markierung:
                    Schafe
lagern im Gras, sie
beginnen den eigenen Schatten
zu stabilisieren,

parken die Wiesen an
          richtiger Stelle

Idyllen

der Kreislauf der Waldgebiete

in Wäldern gewandert
dieselbe Prozedur wie damals
im mächtigen Schatten der Mutter: Tannen und Untertannen
verrieselten stumm und unbemerkt

    sie war ein dunkles Ensemble
    war Schwarztanne Baldrian
    Wermut und Ginseng

ich hielt ihre Hand
ich schwitzte den Duft
schuppiger Zapfen aus
durch dunkle Flecken verunsichert:
wollte den Regen von meiner Jacke
abwaschen

Bäume in naßkalter Andachtshaltung
lange betropfte Köpfe

Idylle mit Rehscheuche

so daß
sich entfremdende Wälder
Heckenrosen nach und nach
noch heute
und wir Gestalt annehmen wie von
langer Hand geplant
daß musterbildende Tendenzen (Bäume)
daß Blätter aufgetaucht und weggewischt

und wir befindlich vor und hinter
neben Sträuchern mitten in
sind eine angenehme Streuung Stimmung
eine Verhältnismäßigkeit von Laub und Licht

daß Blätter falsche Fährten legen
Kreise ziehen
man sieht die Wälder deutlich
sieht sie nicht

Verneigung vor den eigenen Gefühlen

später zersetzt sich die Gegend
in Schwärze, in Weiße, in Bushaltestellen

Autobahnbrücken
feilschen um künstliche Hügel, um
Tannentransporte, dezembrig, unwirklich,
um Energiefelder warmer Karosserien

Laternenalleen
ziehen vergangene Nächte und Tage nach,
Scheunen, Kartoffeläcker, kalten Kaffee

ein feiner Nebel trägt blockweise
hohe Gebäude ab, einzelne Haushalte harren
am Rande der Sichtbarkeit, Lichter,
weit fortgeschritten, räumen Geschäftsviertel ein

Salz Rauch Tümpel
verborgene Elemente
mit denen wir in Unterführungen
Jugend nachahmen
nachholen nachbereiten
die schwarzen Künste der Werbeplakate
im Nacken, und die abgewehrten Kräfte
endlich innen

weil es hier fast nichts zu sehen gibt,
geht man unwillkürlich schneller als normal

die Berichtigung der Moose

wiedergekommen zur rechten
und zur linken
die Geräusche in den Sporenkapseln
die bißfesten Eigenschaften
aus sich heraus
über die Ränder reichend
wir horchten wie sich alles öffnete

nahmen mit Tonbandgeräten
die Wachstumsschübe der Moose auf
sie bestanden zum Großteil aus Wind
und Wasser, verregneten Ausfallstraßen
den Fließbewegungen
in alten Leitungsbahnen

wir rannen geduldig an Überlaufrohren herab
hatten ein Ohr auf die tropfenden Gitterroste:
etwas sproß

wir speicherten eine Ermüdbarkeit die
niemand teilen wollte
nur in uns hielt sich noch
ein schwerer Garteneimer mit Schnee

der Stiefmütterchenhain

schließlich
durchquert mich die Trauerweide
noch einmal, reichert mich an
mit Zweigen, mit
ihrem hängenden Habitus

trostlose Tonnen singen im Chor
Zitterpilze
rauschen auf Holz nach Hause

ich beginne schon wieder
zu schimmeln

Bergspitzen fliegen im Wind und
ein feinstimmiges Netz
setzt sich
fest zwischen Ästen
stört Beeren auf

in der Entfernung zeigt sich
eine große weiße Seife
zuckend im Licht
wenn ich sie in die Hand nehme
schmilzt sie
ganz ruhig
so ruhig

wie man das Verlassen der Kindheit übt

die Gräser auf dem Geschirrtuch
galten als Gastgeschenk; Gräser
mit Königswürde: gnädig

neigten sie sich uns zu
– sag noch schön danke / bitte –
gnädig ließen sie sich berühren

nässen und knicken ließen sie sich
bereitwillig berührten wir sie. gab es denn
eine sexuelle Komponente? bereitwillig

trieben Hände in Spülmittel
knüllten sie Gräser in Biergläser
uns kam es vor, als wären es Schaumkrautwiesen

durch die wir bloßen Fußes schritten

Perioden geheimer Größe

die Fenster gelichtet ausrangiert ich
hatte geregnet es gibt hier sonst nichts mehr
zu tun nur die Rigipsplatten
verschwenden noch Neuweiß und Altweiß

entfalten Hygienevorschriften »Herzlichen
Glückwunsch« versickert auf mürben Papiertüten
Rohbauten schimmern wie Raubkopien
hinter dem Flieder ich wollte

Insekten vertreiben den Zufahrtsweg einseifen
bis zu der Stelle wo ich war
es hatte geregnet
die Veranden waldreich und veränderlich

der natürliche Platz für Ovale

Muttertrieb in watteweichem Pelzkostüm
in den frühen Morgenstunden
mehr Stimme als Fleisch
rührte die Betten um
kaufte im Winter
sicherheitshalber
die Küchen in Vorratspackung

ich war ein Lockenwickler
auf ihrem Kopf
ich hockte zwischen den Sorgen
bebrütete Plastiktüten
der Alltag
glasig und abgetragen
konnte sich nun aufplustern
und immer runder werden

die Märchenwälder kehren zu uns zurück

es gibt sie noch
sie saßen neben mir am Strand
und bewegten den Wald von einer
Ecke zur andern
sie verändern den eigenen Standpunkt nicht
haben nur Angst daß die Landschaft
plötzlich verblaßt

sie legten Erdbeerfelder an
zwischen Gesichtern die wie hell
geschälte Stämme glänzten niemand
hatte sie kommen sehen
es steckte viel Moor in ihnen
Mücken brüteten darin der Wald
rückte vor

sie saßen neben mir am Strand
sie legten Erdbeerfelder an
es gibt sie noch sie dringen tiefer ein
sie bewegten den Wald
sie verändern den eigenen Standpunkt nicht
sie betreten
das Unterholz immer zu Fuß
und immer allein

türkis gefärbte Margeriten

wir fuhren ab, bevor es richtig anfing:
nicht enden wollende Geschenke, Endlosschleifen
im Haar, die Schuhe damit zugeschnürt, die Kleider
damit abgebunden, raschelten
– halb ausgepackt, aber nur halb,
nur bis zum Knie – entfalteten
die kleinen Tragetaschen für den Sommer:
Überraschungstüten, darauf türkis gefärbte Margeriten,
darin ein Knäckebrot

die Hitze überragte uns bereits
wir aßen Knäckebrot
in einem Kessel weißer Wolken, hartgekocht,
und fuhren ab, bevor es richtig anfing

ideelle Szenerie

es ist hier niemand, den es stören könnte
niemand allein, allein

wir haben Unordnung gemacht
zu zwein, zu zwein

der Sommer seifenblasensatt und wir,
ein Flüstern nur, verschütteten – es war
ja Kinderkram, wer wollte es uns übel
nehmen, wer
den alten Zustand wieder haben – schütteten
den letzten Schimmer auf den Alltagsrasen

und schliefen ein. und schliefen ein

Monomanen

nur noch auf Fotos wie diesen
zögert man weiterzugehen

es sind Landschaftsschutzgebiete
Bilder mit Doppelgängern
überblendete Berge die schwebende Welt

man erkennt noch die Urlaubstage
und wie gegen Abend der Gipfel
wieder zusammenfällt

so fest gespannt
so aussichtsreich kam es uns vor
wenn wir dem Höhenweg folgten

den Flügelfiguren bei ganz bestimmtem
wie vorwärtstreibenden Wind
wenn wir Trugdolden pflückten
ich knisterte

die Wirtin packte morgens ihre Hecke aus
und setzte die Geranien in Kästen

erinnerst du
die hochschießenden Stiele
den schwarzen Garten im Zeitraffer

Aufgänge Abgänge Sonnenstände
umflatterten dich wie Motten

der Verlauf des Horizonts

ich verlief nach außen hin ruhig
ich verlief
unter den Maulbeerbäumen ohne Ärmel
fremd und unanständig
Wind dämpfte mich

ich verlief in den
gegenläufigen Schwingungen
jener Büsche am Stück, jener hartgewordenen
abgelegten Objekte, Bilanzen verlorener Formen, ihre
unheimliche Beharrlichkeit

der Ostwall bestand aus
verwaschenen Pflanzen verwaschenem Gras
so wäre es mir
mit allem gegangen
mir blieb
ein Gefühl für das milde Grau
und die Drahtverhaue des Raums

tiefviolette Maulbeeren
blumiger als
geborgener als

ein Gedächtnis in dem ich vorhalte
lebte daher in Zuständen und
verließ sie
wie Flitter
wie geistige Automaten
ich spule zurück

die Ilexhexen

wochenlang gab es nur Schwarzwurzeln
und Zunderschwamm, hartwandig
mühsam vom Stamm zu lösen

wir nahmen tragbare Mahlzeiten ein
denn man kam abends
nicht mehr zurück

zu Farbsignalen verdichtet
lagen wir zwischen den
Stechpalmen

wollten uns hier
die Erinnerung tief
aus dem Fleisch reißen

artig
wehklagend

Bodenflechten
absorbierten hohe Dosen
Radioaktivität

ihnen eignete Eßbarkeit eine
düstere Energie ein Berührungsverbot
Wacholder holte uns ein
ließ uns fahren

Schlehdorn blicklos
wie blaues Emaille

Böden in Stadtgebieten

die Polstermöbel auf kohleführenden Schichten,
die blühenden Sofas, die Höhenlinien unterirdischer Flora:
das Schachtsystem bunkerte kritische Stadien, oft
genügte eine einzige Erschütterung oder ein Wärmereiz
und aus dem Boden schossen Wohnorte (wie Pilze:
ja: wie Pilze!)

»nie hier gewesen, nie …« Unter-Tagewasser, Tafelwasser führte
zu Kehrseiten, führte durch handfeste Küchen der Bergarbeiter,
führte die tropfenden Steine, die kochenden Lichter
dem Anspruch der Zechen zu; was in den Töpfen brodelte war
niemals nachlassender Wind, war auf Verlangen
vorzuzeigen

wir zogen uns zu einer dicken formlosen Masse zusammen
wir blieben ungenannt in den Pilzbüchern, gediehen
auf Bismarckdenkmälern, Kaisertreppen und in späten
spitzen Winkeln; hier besiedelte man Millimeterpapier,
wir campierten bei Licht bei Luft und
offenem Feuer

damals empfahl man uns Baugründe,
die nur aus Trümmern bestanden,
aus bläßlichen Mengen an Schutt und den Resten
ganzer Gebäude in größerer Tiefe; wir fanden
vertrocknete Pflaumen im Sand, fanden Backsteine
fest in Papier gewickelt wie schlecht restaurierte Herbste,

wie Echoeffekte; »nie hier gewesen; nie ...«
Gesichter spiegelten in der Vertiefung einer Spüle
wie auf Baumaschinen, Preßlufthämmern,
in muffigen Duschkabinen; waren wir nicht
auf schiefe Bahnen geraten, wenn wir an Klärteichen
heimlich den Geistern des Ortes huldigten

damals waren wir Hänge, die nur aus Trümmern
bestanden; waren Realien ebenso Pseudorealien
Grasnarbe und eine alte Personenwaage –
auf Straßen die wogende Menschenmenge
auf Holzstümpfen weiße flaumige Überzüge
auf alten Gleisanlagen Hausbrandasche, Schlacke,

Industrieabgase:
jetzt reiben Randstreifen an unsern Anoraktaschen
Fallwinde speichern uns ab, speichern uns formlos
im Niederschlag heller Fassaden;
wir bleiben ungenannt in den Pilzbüchern, wir
sind immer noch hier

Waldinneres

verschiedene Arten von Verrücktheit

meine Kufen klingen auf dem See wie Bocciakugeln
die silbern aneinanderstoßen, hohl und flüssig

am Ufer in Flaschengrün erstarrte Pflanzenreste
ein gläserner Dschungel, Halme und Äste
tief hineingeschlängelt in den harten Raum

gestern wuchs die Stummheit in einer Telefonzelle
zu gekrümmten Geschöpfen
von außen mußte man sie sehen können
Eiswürmer, die sich durch ein nächtliches Volumen fraßen
Risse hinterließen, weiße Krakel in der dunklen Masse

Enten mit schillernden Hälsen paddeln am Abwasserzufluß
Personen in Fischgrätmänteln bedecken die Bänke mit
Sitzkissen, Zeitungsseiten

ich sehe dem Himmel und seinen Verzweigungen zu
in meiner Brust knirschen Glasmurmeln, Schnee fliegt

vereinzelt, wie früher zur Schulzeit Papierklümpchen
feucht von der Spucke des Absenders

Landschaft mit Gottesbeweis

wir saßen vor Glasbechern, Häute mit Sand gefüllt und
im Würgegriff der Schals und Pelzkragen, wir bildeten
Wärmeinseln auf einer zugigen leeren Terrasse,
Wülste auf Gartenstühlen, heimliche Würdenträger

des Frühwinters,
Heizpilze spannten ihre Schirme auf, aber wir
rückten nicht zusammen, das Gas in ihren Stielen brannte
wie Tassen voller Regenwasser, wirkungslos

wir aßen eingefrorene Handschuhe, Mützen,
buntgestreifte Eisblöcke bei Minusgraden,
wir bliesen lockere Wolken auf,
ließen sie fliegen,

ein mattweißer Himmel, heißhungrig, verschluckte sie
ich zerkratzte mit dem Löffel
vorsichtig die Luft: die Bedienung
umfuhr uns wie auf Schlittschuhkufen,

ich brach etwas Silbergeld aus meiner Tasche,
deckte den Tisch mit blanken Pailletten
lange lagen sie neben einem Teller
nasser Blätter

mindestens drei private Kapseln und eine Peripherie

auf der Autobahn steckten wir plötzlich im Schnee
der Verkehr kam sofort zum Erliegen. wir holten die
Wolldecken aus dem Kofferraum

aus den Büschen drang ständig eine Form, die an der Seite
ausscherte, schwarze Ecken ausfuhr wie ein Tangramspiel
mit hundert Versionen einer immergleichen Angst

in dieser Nacht erschlug ich mehrere knallblaue Wichtel
sie waren aus hartem Gummi und sahen ein wenig aus
wie Kaubonbons. ich schlug sie, sie wollten nicht rollen

Landschaft bei steigenden Ölpreisen

die Schienen ausschweifend über den Tisch
gebreitet, elektrische Weichen, zwei rotweißgestreifte
Schranken – nicht mehr mit Handbetrieb! –
Sonne in Säcken vorrätig, übergenug,
immer Flutlicht und am Tunnelausgang
reichlich grünbesprühte Sägespäne:
auf Baustellen großgeworden, wollte er
nicht an der Landschaft sparen

die Bahn fuhr am Ufer des Müllsackstreifens
entlang, der sich durch die Leuchtmoose schlängelte,
sie überbrückte ihn im dichten Forst
aus Teppichtännchen, schon Rückweg,
schon Abendbrot

er hatte im Tal etwas Alufolie aufgestaut, Berge als
Sperren errichtet, ganz Herr seiner Wanderwege und Felder –
war es der See, der immer noch nach Schokolade roch,
war es mein Mund, mein Kinn, mein Alpenpanorama?

ich schenkte ihm Zubehör, das er für später
zurücklegte, Felshänge, Fliegenpilze an Drahtstielen,
Spleene in kleinen Schachteln; er achtete mehr auf
die Hochspannungsmasten, montierte die Bindfäden,
klarlackgestählt, mit Pinzette, die Bahn
umrundete fingerhutgroße Gebäude, sie zog sich
um Trafohäuschen, dehnte die Richtungen
mit ihrem Rattern und ließ sie gedeihen

zur Pensionierung wünschte er sich eine
Luftaufnahme von Bahnhofs-Geräuschen

ich schenkte ihm Zwerge zum Selberbauen,
Modelle von Elfen und Spinnennetzen,
er schonte sie. sein Zigarettenrauch
stieg auf wie Frühdunst, Wetter
fand er wichtig. ich, im Hobbykeller,
legte Fichtenpuzzle für den Hintergrund,
er putzte die Gleise mit Spülmittel, wischte
die Zertifikate, Gepäckaufbewahrung,

ich hätte die Landschaft wahrscheinlich verstauben
lassen, doch er deckte sie am Abend immer zu

Hirschübung

über die Landstraße treibende Streifen,
durch Wälder geflößtes, sehr streng
bemessenes Weiß,
und wir folgten den Sprüngen, den Streckungen
dieser durchbrochenen Linie, Wildwechsel,
Glätte, Gefälle, an Rastplätzen lagen
bedingungslos schlafende Bänke, von Nässe
gequollenes Holz, und die braunen gebogenen
Rücken der Berge verwundete Fellflächen,
Kahlschlag, verendete Pfade, und wir
mit Karacho, wie Simulationen von Wind
zwischen brusthohen Zweigen,
Geweihen in Wattejacken verpackt,
mattes Hirngespinst (Fallträume),
Fünfender, Fingerzeig:
aber
wir rochen nach Seife
nach Veilchen und Teichwasser, vor uns
die furchtbare Vollständigkeit des Kommenden
bald harthufig der Frost

Glasuren des Januar, carne vale

und die dünnen Umwege, hatten in Kältewannen
gebadet, in Senken mit Eisstöpseln,
Schwämmen aus Kremserweiß, Bürsten,
vergipsten Gebüschen, *und*
einmal fiel Hagel, als wir über Bahnschwellen
wanderten, über die nach und nach völlig
verschütteten Hügel, bemehlt meine Stimme,
Einsilbigkeit, ich lehnte mich tiefer in deinen Geruch
und ich schlingerte neben dir her
wie auf Eiern, wie Bildbeschreitungen
nur auf den Fingerkuppen, im seifigen Licht
inhalierten wir Birken, die lautlosen Luftschichten,
rechtsdrehend linksdrehend Krähen,
der Atem in Festkleidung zwischen uns und
diese Gier nach Berührung (ein Tafelberg,
den wir spazierenführten) und etwas
zog neben uns her und entfernte sich
später
die hell übersprenkelten Hänge
schon tiefer gebeugt

Lehmkürbis, ein Schmuckstück

im Juni zerbricht ein klarer Libellenflügel
in hellgrüner Luft, so ein dünnes
Wasser; die Blätter schon warm kleine
Blüten geschlüpft, nur unsere Körper noch kahl
und durchsichtig werden mit glühenden
Wespenfäden vernäht ... die leichten
leckenden Augen, Insekten-
zittern, und Lichtnadeln dein
vorüberwehender Blick,
– *wie starr steht die Sonne und frühreif*
über dem See

magnetisiertes Zimmer

du hast die metallenen Jahresringe
der Obstkonserven gezählt,
jede Oberseite rotierender Stillstand
wie flimmernde Ventilatoren –

dieser Ort scheint verborgener jetzt, seit
du hier bist, als sei endlich Ruhe
eingekehrt, Sturm (alle Zimmer
ins Licht getaucht, alles
aus Angst überheizt):

ich beobachte dich, deinen zweiten
Versuch eine Dose zu öffnen,
beschwichtigend, ungeschickt, oder
als wartetest du, daß die
Stimmung sich ändert, als hättest du
deine gezielten Bewegungen leise verlegt

wir ähneln einander wenn manchmal
ein Gähnen ein anderes auslöst –
dann wieder die Unversehrtheit
verschlossener Körper, ein Blechspielplatz hier,
voller unverrichteter Dinge

Unruheherde

gesperrt ins warme Gitter deiner Finger
du ziehst Zäune um Gewitterhimmel
um Schüttelfrost, bebende Zentren
aus düsterer Stahlwolle, du
bewachst meine Unrast,
Wolken wandern
mit Schatten beladen von deiner Hand

zuckende Nacktheit behutsam
mit Flugsalbe eingerieben
die Haushaltsgeräte grauhäutig
ducken sich schüchtern im kalten elektrischen
Licht wie gefährdete Arten – behütete Blitze
die eisernen Quirle und Bratspieße,
Vorhang malt Fledermaustänze
ins Fenster, das Wetterleuchten
reitet auf Besen auf Löffelstielen –
du fängst in der Faust leises Donnern
als sei nichts geschehen

unter den Achseln
Kaltfronten Warmfronten,
Rückenlinie langsam
mit Regenschauern verschleiert
ich schließe die Augen, es scheint
daß alle Dunkelheit schon lange in mir liegt
und endlich ausbricht

Sfumato, Industrieflächen

ich bin der Inhalt einer Form, ein Gläschen,
gefüllt mit mir, ein gekräuseltes
Kaltgetränk zwischen verdreckten Scheiben

ich bin hier von ungekannter Brillanz, mit allen
Wassern gewaschen, gefiltert wie nach
einer Magersucht
ich bin so sauber

verzeichnen sie Kurven der Gier, mit der
man mich austrinkt, ihre Beschleunigung
auf einem Monitor? Volksbiographen
halten die Lücken der Körperpflege
für nachweisbar

in den Geschäften ersetzen mich
Gänge, mäandern und stoppen
Polarlichter, bloßgelegt
auf einer Rolltreppe fahren Figuren nach oben
durchqueren Passanten in Paralleluniversen,
Menschen in U-Bahnen, Pkws, Bussen: blinde
Innenräume auf der Flucht

auch sie sind Übergangspersonen
deren Unvollkommenheit verschwindet
wenn schließende Türen Erinnerungsfetzen
schlucken, wenn Sprachen wie Finnisch und
Polnisch mich hegen und an sich nehmen

wenn sie verwunden haben
solch Überfahrt

Kloppitz / Kłopot nad Odrą

Körper, Depots der Geschichte, einander
ablösend, einander ähnlich, gewöhnlich
im Tageslicht, an einem Straßenrand Bäume
hinterlassend, eine Art Faßbarkeit,
Körper, aufgeschwemmt, ausgemergelt und
jeden Tag tiefer hineingezogen
in Nudeln mit Gulasch, in Erbsen-
suppe, die strengen Gerüche des Mittags,
der Wiedererkennbarkeit, Tische,
Kantinen, die Fortsetzung täglicher
Schwäche, Besänftigung, Bänke
am Abend vor Hauswänden, Körper
saugen die Wärme der Mauern auf
gegen den Winter, die Wiederkehr
des Verdrängten, ein Westwind trägt Dämpfe
herüber aus (ehemals) Stalinstadt, glaub-
würdige, nahe Gerüche, sich ablagernd,
nachrückend Früheres, Bilder von Dieselmotoren,
erinnerte Braunkohle, Felder, gepflügt,
»hier im Ort brüten Störche«,
»auf Sand gebaut«, weiche
Körper in denen dies stattfindet,
weichende Körper, wie sehr
ist es überall gleich

eine Installation zum Thema Blut

keinerlei Anlaß zu bleiben
die breite Stufenreihe vor der Schule
war von Bucheckern beherrscht:
Buchenmast, fette und magere Jahre
aufgezeichnet in den Kindermägen

ganz vorn hocken die in der Größenordnung
von Rehen und anderen kleinen Huftieren,
dahinter die Mütter und Väter, treppaufwärts
an Zweigen die Großeltern, Stammbaum
des Hochzeitspaars, Fernwärme ausstrahlend,
Säuglinge haltend, geschreilos, gelächterlos,

während die Treppe unmerklich nach oben rollt:
sie, mit dem Rücken zur Wand, mit dem
Rücken in Fahrtrichtung, sie, die sie nachwachsen,
nehmen schon Sepiafarbe an

Aufrichtige Tannengesellschaft

(Luise Henriette, Sophie Charlotte,
Anna Amalia, Namen aus Spitze und Damast;
die Tafelwäsche der Schlösser und Klöster)

Hagebutten in Waschpulver,
Mehltau am Himmel, die Fenstergläser
enthalten eingelegte Zweige,
dürres Laub schwebt im Essigwasser
dieses Tages

Entgleisungen; Eicheln
kollern die Hänge hinab, und wir stehen
am Vorplatz als Spreewälder Gurken,
süß-sauer in unsern Kapuzenjacken,
das Unkraut ist zubetoniert, nebenan
monochrome Bankette aus hauchzarten
Bürgersteigplatten, verstreuten Krümeln
für hüpfende, flauschgraue Tennisbälle

der Waldrand steht stramm,
auf den Feldern zerhäckselte
Blätter von Weißkohl und Rettichen,
wir aber, reserviert, konserviert, stehen
wie Ladenhüter noch immer da,
schwer zu verhindern, schwer zu verdauen,
Nettogewichte, die abtropfen, Roßkastanien
plumpsen ins Gras, servieren uns
in ihren weißen Küchenschürzchen

Fruchtbringende Gesellschaft

die schwärzlich verschrumpelten Äpfel
behängen an knorrigen Angeln die Luft,
was uns hinhält, Köder entkernter Orte,
in denen sich Sparkassen abspielen,
Sparmärkte, knallrote Schlangen-
linien, zischelndes Bild

Herbstflecke, heftiges Händeschütteln,
ich wende den Kopf nach dem Pendelverkehr
tiefer Traktorspuren, *Verrücktsein ist leicht,*
wenn nichts haften bleibt, stillgelegt Gleise,
an denen entlang man dachte,
die glänzenden Drähte am Himmel wie endlose
Äste Lametta, ein Schritt der sich hinzieht,
Betonplatten halten das Licht auf,
im Dreck liegen Latex-
handschuhe, kauernde Gartenbegrabung,
wie fremdartig der automatische
Klang einer Ladentür, fruchtig und kugelig,
niemand beißt an

Wiese sein

Wo jetzund Städte stehn, wird eine Wiese sein
(Andreas Gryphius)

des Ortes hier

es war grau war genauso wie damals
die unveränderten Flächen sonderten
Stimmen ab innere Unruhe Rauch
aus den Dächern wie auf der Flucht

Begrüßungen Abschiede weitervermietet
vereinzelte Rückschritte aussortiert
schimmelnde Koffer man hatte
Gerüchte verwahrt hatte

Lustspiele noch originalversiegelt
die Stille stark abgenutzt Schmelztiegel
falscher Bewegungen war es genauso
wie damals statt Landschaften

Übersprungshandlungen Flüche
wir leugneten nichts lange Schatten
beschrieben wir Kreise so als hielte
uns allein die Wißbegier des Ortes hier

Grund zu Schafen

Kochbirnen Walnüsse Gras
es war weiß es war rot es war grau
Mosaike aus Bauschutt verlorenes
Material wir verhielten uns unsichtbar

späte Ware die Nachkriegsmatratzen
wie Altersflecken im Garten
bekamen wir Schwachstellen unsere
T-Shirts auch tagsüber noch voller Nacht

die Birnen verrechneten wir
mit den Wespen ein Blumenstau gratis
zum Ende des Sommers war weiß oder rot
jede Hitze vermehrte sich

eine Wiese mit Bäumen man wuchs
unter Blitzen auf dunkelte nach war
das Auftragen alter Bekleidung kein Grund
zu Schafen

Pappelalleen, löslich in Wasser

die Hügel jetzt raschelnd von einer Hand
in die andere, ganze
Grundstücke verflüchtigten sich,
hier, wo die Pläne der Väter endeten

was blieb, war das graue Gerippe eines Gebäudes
in unserem Rücken. vor uns der See,
der abkühlte. Sand rieb leise aneinander.

waren jetzt wild, waren Schubladen
für unscharfes Gras, für Plätze voll Schotter.
so packte die Landschaft ein
Wiesen und Felder legten sich Kante auf Kante,

die Leitungen folgten
dem Aufstrahlen alter Gestirne
ein glitzerndes Flohspiel, kehr ein,
kehr aus.

ich aber verblaßte vor
Haselnußbüschen und Flüssen
die Mücken im Aufwind.
so kurz verfaßt

heller Report

beiseite treiben, flimmernde Geschwindigkeit
wir entschlüsselten gern die
Bewegungsgesetze der Berge, Täler
zu fern die Gipfel
zu weit die Gräben
zu eng die Welt
wir blieben gewöhnlich in Bodennähe

gebietsweise Schauer
ziehen im Winter in tiefere Lagen
die Vorjahrsvögel, mönchisch, mehrdeutig,
fallen massenweise in Wiesen ein
sie sind leicht zu beeinflussen, stiller
Fundus des Sturms, ihre hustenden
zarten Ränder
man hat Unsummen dafür ausgegeben,
die Reibungsverluste gering zu halten
planierte Himmel, geplünderte Wolkendecke,
die Witterung zieht sich überall dort zurück,
wo die Bedingungen rasch verändert werden
Halme, verdorrte Landebahnen
knacken bei starkem Frost wie Glas

Bäume auswickeln

hinterrücks mehren sich die Anzeichen:
Kältespitzen, Gefrierpunkte, Schneefräße –
fast unerkennbar spazieren sie auf den Fenstersimsen
trittsicher, tollkühn, ungehindert,
was wir für ewig schätzen, halten sie kahl

die Luft naturtrüb, der Vorgarten
flüchtig, die Tage am seidenen Faden,
wir sortieren Hagelkörner nach Gewicht,
die Nebel nach Dichte

die Sonne verläßt uns auf Schleichwegen
stets ohne Sichtkontakt. glänzend
kommen wir mit dem Haus zurecht,
es verhält sich vollkommen ruhig

nur das Gras ermattet verdächtig,
als träte Rost aus. Lockstoffe, fremdartig
und verschwenderisch, Leuchtkraftverstärker:

die Bäume stehen wie unbeteiligt, Zweige
zu Berge, gedrosselte Triebwerke, hinterrücks
verlieren sie sterbliche Hüllen, wir
hindern sie nicht

Malochen für ein schönes Wochenende

überbetonte Zäune, und was
war es das die weite Flur veranlaßte
bei unserem Näherkommen heimlich abzuwinken
sich zu verengen und sich einzuigeln
wie eine Halbwahrheit

die Bäume konnte sich niemand aussuchen
sie standen da und waren gut gemeint
für uns ein Leichtes sie zu überrunden
wir fanden Anklang bei den Butterblumen
weil wir sie fütterten, und wir besetzten
ein Gefühl bei ihnen, Wiese sein
und vorzeigbar

am Seitenstreifen wildernd Straßenschilder
wir zählten 10 x Hühner, 10 x Kühe
wie Hälften, die sich nicht zusammenfügten
Sommer in Sippenhaft, die Gärten ein
Bedürfnis mehr zu mähen
als man kaufen konnte, später

aßen wir Äpfel im Verkehrslärm, Wind
kam auf, es bot sich an im fahlen Grau
des Tages Fuß zu fassen, nur
an wen sich wenden, wenn die Äpfel
mehlig, wenn die Erde warm
und übersät mit uns

Narziß-Skizze

du krempelst die Ärmel höher und höher
als zögst du dir Schwimmflügel über
ein enges Trikot, dünner Film
auf den Lippen, du startest mit Vorschuß-
lorbeeren, Handtücher flüchtig geküßt,
schweißgebadet dein Hochglanzgesicht
und die spiegelnden Kacheln Faksimiles
schnell vergangener Zimmer

abgeschrägte Wäsche

alles hier
ist eine Heißmangel für
weiche zerwühlte Hände entfärbte
Sonnenschirme, hoch oben
ein Bügelbrett Wind eine
ganz in Blaßblau
bestattete Wolke ich
beschwere den flatternden Sand über den
du schwitzend heransegelst deinen
Bauch etwas aufgebläht deine
Ärmel sehr durchsichtig
dein nacktes Hemd nacktes
Haar wenn du dann
als Schlagschatten
über mich fällst: ganz in die Nähe
gehängtes Wetter: daneben
ein weißes Bündel
zerknülltes Meer, und
anderes

Linien ziehen bei heftigem Wind

rötliches Gestrüpp; oder bräunliche Bälle, Blähungen, Blasentang,
dünner Zufluß von Licht, ein geripptes ertränktes Unterhemd,

Schiesser-Wäsche mit prächtigem Muschelbesatz unter perligem Wasser,
pulsierende Wogen, die langsam beatmen und wieder zusammenziehen

eine gekurvte Linie im Sand, Dünenlinie, wellenschlagender Horizont,
kreuzende Luft, kreischend, kreisend; verschiedene Ausrichtungen weißer Pfeile

offen getragenes Haar, das vorüberfliegt oder vornüberstürzt, Ungewißheit
des Anfangs; zwei Blechbüchsen, ruhelos, windig, rollen im Kopf

Seepoem

weit hinaus
schwimmen
schwingender, nur in Ausschnitten bekannter Korpus
leichte Beute des Blicks und
auf seinem eigenen Schatten dahingleitend

unter der Haut
empfanden wir die ungedeckten Stellen nach,
weiche Rosetten, wulstig
wie ein aufgeschwemmtes Spiegelbild auf Christbaumkugeln,

überstäubt, gepudert, ein
Spielball der Wellen, der Gischt; deren
plötzlicher Wintereinbruch,
die starken Gebrauchsspuren eines fernen Bildes

machte sich einbalsamiert auf den Weg,
weiße Fracht, ein Schrein für die
Flüchtigkeit des Gefühls, er
setzte dem Wasser ein inneres Maß entgegen

Fernglasazur

und Heimat nach Abbildern,
eine Familienlandschaft
voller Gesichter mit fettigen
Fingerabdrücken

im grellen Sonnenlicht
erschienen sie sehr weiß und glänzend
wie Porzellanteller in Vitrinen,
auch machte sie die Härte des Sommers
etwas ruhiger

der Hintergrund leckte an ihnen, die Sonne
in allen vier Ecken
sie konnten
sich nicht mehr bewegen
sie waren beschäftigt
so weit zu blicken, billiger
Effekt

märkische Sandkästen

das ist der Rest, der die Aussicht versperrt,
jene stöbernden, schnüffelnden Büsche
neben dem Bürgersteig; einige bleiben
inmitten der Plattenbausiedlungen einfach stehn
und verweigern den Heimweg

Umspannwerk Ost

abgehalftertes Land
unter verführerischen Güssen, weißer Flieder
der Güteklasse A am Bahndamm,

Rohre oberirdisch, gravitätisch gebeugt,
in unlogischen Gruppen ohne
Positionswechsel

man trug etwas Leichtes, etwas
Schweres vor sich her,
die hohen Schlote morsche

Teleskope für
die Kettenreaktion von Wolken,
Wind und Licht

die Sonne geschlossen, die gläsernen Schirme, das Klirren im Innern

tagelang Leergut getragen
wir haben schon Farbe verloren
ein Abziehbild, eine getilgte Erinnerung

uns begleitet die stete Bewegung des Meeres
die alte Beschallungsanlage, die Haltbarkeit
einer Empfindung

der Rückspiegel deutlich
mit Wasser gefüllt
wie ein Einmachglas

»sich anziehen wie man Gardinen zuzieht«

noch einmal reißt etwas auf
streckt eine stachlige Sonne
schreckhafte Fühler vor

ins Fettnäpfchen: in den Schmerz gefaßt
der Strand übersät mit schwankenden Stellen
Gallert, Nachsaison

Dederon lässt sich auch quer zum Fadenlauf schneiden

ein ganzer Block bespannt mit Wäscheleinen
schwach sichtbare Blusen, Personen
die vordringen bis zum Rand

hier erkennen wir uns an Konsumgütern
zahlen die Preise für riesige Büstenhalter
trocknen die Höschen im Brombeergebüsch

hängen uns Handtücher über die Parkbänke
waschen Gewaltfarben Erdfarben Fleischfarben
Waschmaschinen

erscheinen nur nachts
sie ziehen über China Istanbul Kiew
wie verdrängte Ängste

wie Leute ohne Garten
Leute gewöhnt an öffentliche Grünanlagen
Leute verdeckt von Kürzestrasen

wie Beutestücke eines milden Winters

vom Osten träumt man, aber dorthin fährt man nicht

das Fotografieren
von Abbruchhäusern
fällt uns jetzt leichter

Heimat, sage ich, der Ort,
aus dem die meisten
Busse kommen

Heimat, sagst du, wo es
uns gelingt, den Raum
mit Handlungen ganz auszufüllen

die Tilgung der vier Winde

über die Hügel gefahren, hieß es,
über die Hügel zurück

hatte Tafellack vor der Brust
hellen Kreidestrich Herzkontur

weit weg, sagte man,
es war weit, es war weg

seine Troststraße seine Troststräucher
sie sparten an Wänden und Möbeln

das alles sah nicht gut aus, doch
waren Morgen und Abend wie immer gewiß

die Städte abgeschliffen, neu beschriftet
Alleen gelichtet, von Winden schwer

markierte die Fahrtwege auf seiner Karte,
die Orte mit Textmarker, neongelb

leuchtend, als stelle er Sternbilder her

wir sind nicht minder im Himmel
als jene Sterne

Augen zu: und die Welt
ausschließen, sage ich
einschließen, sagst du

ist Welt was beschirmt werden muß
behütet und umgebettet
von außen nach innen am Abend

und was in der Nacht
leicht abhanden kommt

es ist ein ungeplanter Diaabend,
sagst du, Sprache, Spuk
und wir die Kraftwerke
die ständig Licht erzeugen

es sind Sterne, sage ich, Wertgegenstände
für Leute die selten zuhause sind

die Nähe der Abwärme suchen

alle Industriebetriebe
werden für wildlebende Tiere
und wildwachsende Pflanzen
uninteressant, wenn sie zu sauber
und ordentlich geführt werden

wieder gehören wir dem Lärm der Städte
wie spontan entstandene junge Wälder
Ebereschen die einen aufgegebenen Bahnhof besiedeln

wir zelten, sage ich, in öffentlichen Anlagen
liegen in Schlafsäcken unter den Parkbänken
abgerissene Äste, tarnfarbig, krumm

ich sage, wir sehen den Spannungszustand der Blätter
sie hängen an unserem Blick, auf ihnen
staut sich die Nässe, sobald wir den Kopf wenden fallen sie

Spatium, sage ich, Rasen ausstechen,
Raum erzeugen, wir schlafen in Jurten
auf Parkplätzen, Schulhöfen

machen Station zwischen Doppeldrahtmatten
auf Rasengittersteinen
Wandertassen klappern die Haltepunkte einer Rampe ab

unsere persönliche Anwesenheit
ist nicht erforderlich für diese Art
etwas zu bewohnen

ich sage, wir legen uns quer zur Welt
in Nester aus Weißklee
aus Hornklee Lupinen Luzerne

plötzliche Bauarbeiten finden uns unvorbereitet
wir haben am Vormittag Blut gespendet
genug, um zur Ruhe zu kommen

Normalverteilung der Ereignisse

was fern ist
wie graue Büschel am Himmel
Begleiterscheinungen

Vögel die etwas durchziehen
etwas: die Zerbrechlichkeit eines langen Herbstes
mehrere Bundesländer im Nebel
bei Nacht

Staubgefäße die sich fortsetzen
ihre jährliche Preisgabe ihr jährliches
Wiedererscheinen planvoll und planlos
wie Leute auf Schnappschüssen

sich öffnende Vögel sich unseren Blicken
eröffnende Möglichkeiten

wenn wir bei Vogelzügen
die inneren Abstände messen
wenn Selbstvergessenheit und Vögel
Einschlüsse des Körpers sind

wie Zeppeline silbrig und glatt
wie Knospen die
vertrocknen eh sie sich geöffnet haben
und vor der Zeit leicht werden

ist es ein schöner Tag? – es ist ein schöner Tag
nutzlose Ländereien der Langeweile
leisten eine Anhäufung von schönem Schein

Raststätten gießen sich aus
Lichtparadiese
von Reisebussen gesäumt

man faßt die Räume nicht mit einem
Griff zusammen
wir winken dem Treibhaus zu
langgestreckt steht es
abwechselnd winken wir

sei es ein Blick
durch Wolken zu wandern
von allen Zusammenhängen
gleich weit entfernt

die Angst vor dem Meer
(Francesco Petrarca)

Glas ist als fester Körper anzusehen
doch strukturell bleibt der amorphe Zustand
einer Flüssigkeit

1

meine Fähigkeit zur Glasbildung
nimmt immer mehr ab

in Kindergefühle, in Farbe verwandelt
zieht mir die Tiefe eisig durch die Gebeine
schlierig und blasenreich zieht sie,
Rauhschmelze, mit einem Schweif
von Klaffmuscheln Schwämmen Korallen
zieht sie Karbon und Tertiär mit

Lachsalven wirbeln den Sand auf
harten härtesten Quarzsand in bleichen Spiralen
Weißdünen Steine gerinnen zu Strandhafer
Perlkerne läutern zu Schwänen zu Graugänsen
Wolkenzügen: ich bete
daß diese Bilder sich einbrennen mögen in mich

Glaswerden hieße beschienen sein
scheinen zurückscheinen
durchsichtig dünnwandig
für deine Blicke ganz offen sein

schneeweiße Möwen fallen aufs Wasser
Bierflaschen fallen
die Spiegel und Meere, ihr Bruchverhalten

Priele vermessen Fieber tief im Sand
so einfach ist das

2

du teilst mir in Wellen die Stimmungen zu
ein Faltenwurf, bin ich hier sicher vor allen
Winden, versteckt in des Meeres Mitte
wo kein Lebender geht

vereinnahmend bildmächtig durchdringend
ändert die Strömung die Angriffsrichtung
sie macht einen großen Bogen
sie wölbt sich um mich
liegt mir auf
sie ist nah
eine heiße Vase
ein Flußmittel das mir den Atem raubt

rings umspült mich das Algendickicht
raumfremde weiße raumeigene seidig
glänzende Eiswolken bilden sich
wenn du mich anblickst mich blendest
mich blankschmilzt ganz diesseitig jenseitig
Glasaale schlängeln wie Schauder nach oben
und unten, Glasbatist legt sich in Schichten
als ob etwas einfriert spröde und splitternd
so körperhaft körperlos sehen mich

Fenster, immer mehr Fenster wie leicht
verfehlbare Grenzen, von Nahem betrachtet
sind sie fast nichts, sind hier oder dort, sind
springende Glasfrösche schwirrende Glasflügler
Haloerscheinungen

Glasfasern
ich oder du
schwingen im Herzen hin und her

3

unter den Dünen zusammengerollte Strandbereiche
die zu anderen Zeiten ausfahren
Spülsäume mitführen, Fliegen eindeichen
mich nicht verkleinern sondern vergrößern
Weite erzeugen

Gewölbe aus warmen Quallen
(scheinbar warm, doch der Wirklichkeit nach kalt)
imitieren Körbchengrößen A – B – C
man muß diese Halbkugeln hegen
man muß ihnen Halt geben
gleich der flüchtigen Luft und zerfließenden Träumen
sind sie gewaltige Anfänge des Bades
in der Menge, zahllos, Schwarm bei Schwarm
sich scharend:
leicht überfangenes Hohlglas, getaucht in Lavendel
und Tageslicht

wäre ich gläsern, es spiegelte sich
dein Lächeln auf mir

Inhalt

Waldinneres

Wiese sein